Schule - اسکول 2
Reise - سفر 5
Transport - نقل وحمل 8
Stadt - شہر 10
Landschaft - منظر 14
Restaurant - ریسٹورنٹ 17
Supermarkt - سُپرمارکیٹ 20
Getränke - مشروبات 22
Essen - کھانےکی اشیاء 23
Bauernhof - کھیت 27
Haus - مکان 31
Wohnzimmer - لوونگ روم 33
Küche - باورچی خانہ 35
Badezimmer - غسل خانہ 38
Kinderzimmer - بچوں کا کمرہ 42
Kleidung - لباس 44
Büro - دفتر 49
Wirtschaft - معیشت 51
Berufe - پیشے 53
Werkzeuge - اوزار 56
Musikinstrumente - آلات موسیقی 57
Zoo - چڑیا گھر 59
Sport - کھیلیں 62
Aktivitäten - سرگرمیاں 63
Familie - خاندان 67
Körper - جسم 68
Krankenhaus - ہسپتال 72
Notfall - ہنگامی صورتحال 76
Erde - زمین 77
Uhr - کلاک 79
Woche - ہفتہ 80
Jahr - سال 81
Formen - اشکال 83
Farben - رنگ 84
Gegenteile - مخالف 85
Zahlen - اعداد 88
Sprachen - زبانیں 90
wer / was / wie - کون / کیا / کیسے 91
wo - کہاں 92

Impressum
Verlag: BABADADA GmbH, Nedderfeld 112 , 22529 Hamburg
Geschäftsführer / Verlagsleitung: Harald Hof
Druck: Books on Demand GmbH, In de Tarpen 42, 22848 Norderstedt

Imprint
Publisher: BABADADA GmbH, Nedderfeld 112 , 22529 Hamburg, Germany
Managing Director / Publishing direction: Harald Hof
Print: Books on Demand GmbH, In de Tarpen 42, 22848 Norderstedt, Germany

1

Schule

اسکول

Klassenzimmer
کمرہ جماعت
dividieren
تقسیم کریں
186/2
Tafel
بورڈ
Schulhof
سکول کا صحن
Lehrer
اُستاد
Papier
کاغذ
schreiben
لکھنا
Stift
قلم
Schreibtisch
میز
Lineal
پیمانہ
Buch
کتاب
Schüler
شاگرد

Ranzen

بستہ

Federmappe

پینسل کیس

Bleistift

پینسل

Bleistiftanspitzer

پینسل شارپنر

Radiergummi

ربڑ

Zeichenblock

ڈرائنگ پیڈ

2

Schule - اسکول

Zeichnung

....

ڈرائنگ

Pinsel

....

پینٹ برش

Malkasten

....

پینٹ باکس

Schere

....

قینچی

Klebstoff

....

گوند

Übungsheft

....

مشق کی کاپی

Hausaufgabe

....

ہوم ورک

Zahl

....

ہندسہ

addieren

....

جمع کریں

subtrahieren

....

منفی کریں

multiplizieren

....

ضرب دیں

rechnen

....

شمارکریں

Buchstabe

....

خط

Alphabet

....

حروف تہجی

Wort

....

لفظ

Text

متن

lesen

پڑھنا

Kreide

چاک

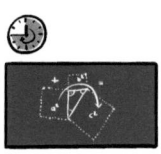

Stunde

سبق

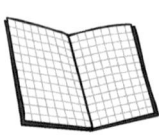

Klassenbuch

اندراج

Prüfung

امتحان

Zeugnis

سند

Schuluniform

سکول یونیفارم

Ausbildung

تعلیم

Lexikon

انسائیکلوپیڈیا

Universität

یونیورسٹی

Mikroskop

خورد بین

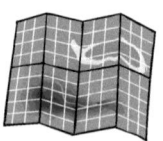

Karte

نقشہ

Papierkorb

ویسٹ پیپر باسکٹ

Hotel
ہوٹل
Herberge
ہاسٹل
Wechselstube
رقم تبدیل کرانے کیلئے دفتر
Koffer
سوٹ کیس
Auto
کار

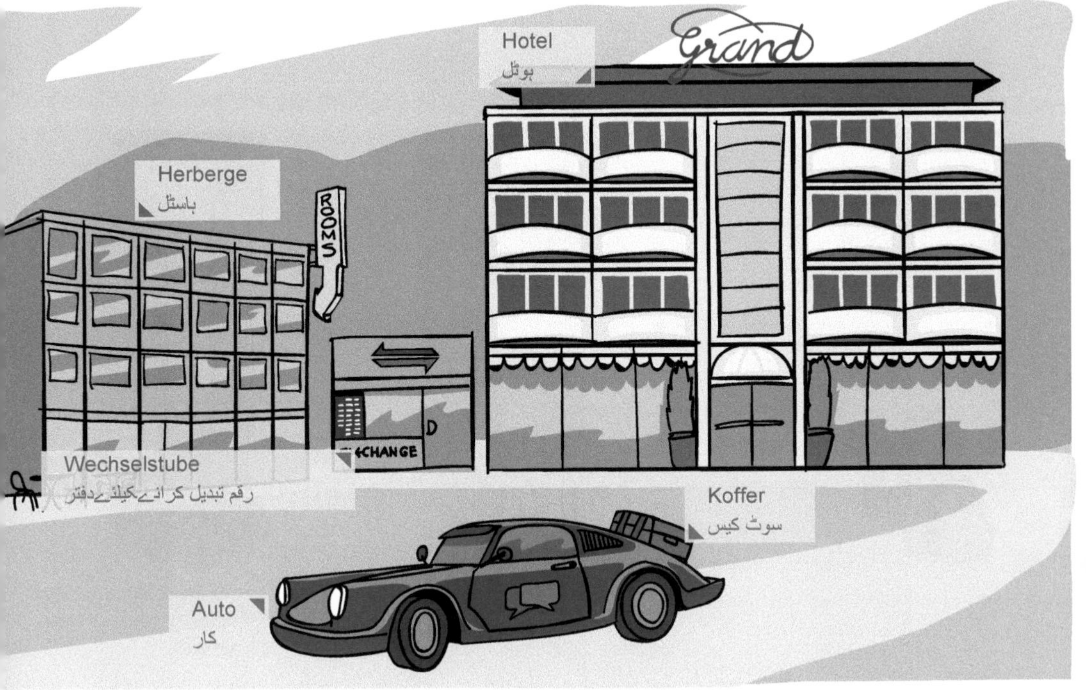

Sprache

زبان

ja / nein

ہاں / نہیں

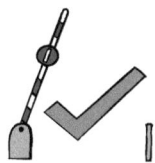

Okay

ٹھیک ہے

Hallo

ہیلو

Übersetzer

مُترجم

Danke

شُکریہ

Was kostet...?

کی کیا قیمت ہے؟ ---

Ich verstehe nicht

میں نہیں سمجھتا

Problem

مشکل

Guten Abend!

شام بخیر!

Guten Morgen!

صبح بخیر!

Gute Nacht!

شب بخیر!

Auf Wiedersehen

الوداع

Richtung

سمت

Gepäck

سفری سامان

Tasche

بیگ

Rucksack

بیگ پیک

Gast

مہمان

Zimmer

کمرہ

Schlafsack

سلیپنگ بیگ

Zelt

ٹینٹ

Touristeninformation

....

سیاحوں کے لئے معلومات

Strand

....

ساحل

Kreditkarte

....

کریڈٹ کارڈ

Frühstück

....

ناشتہ

Mittagessen

....

لنچ

Abendessen

....

ڈنر

Fahrkarte

....

ٹکٹ

Fahrstuhl

....

لفٹ

Briefmarke

....

مُہر

Grenze

....

سرحد

Zoll

....

کسٹمز

Botschaft

....

سفارت خانہ

Visum

....

ویزا

Pass

....

پاسپورٹ

Transport

نقل وحمل

Flugzeug
ہوائی جہاز
Schiff
سمندری جہاز
Feuerwehrauto
آگ بُجھانےوالی گاڑی
Bus
بس
Lastwagen
ٹرک
Motorboot
موٹربوٹ
Fahrrad
سائیکل
Auto
کار

Fähre

فیری

Boot

کشتی

Motorrad

موٹرسائیکل

Polizeiauto

پولیس کار

Rennauto

ریسنگ کار

Mietwagen

کرایہ پرکار

Carsharing

کارکا اشتراک کرنا

Abschleppwagen

کھینچنےوالا ٹرک

Müllauto

کوڑے والا ٹرک

Motor

کار

Kraftstoff

ایندھن

Tankstelle

پٹرول اسٹیشن

Verkehrsschild

ٹریفک کےنشانات

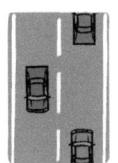

Verkehr

ٹریفک

Stau

ٹریفک جام

Parkplatz

کارپارک

Bahnhof

ٹرین اسٹیشن

Schienen

پٹڑیاں

Zug

ٹرین

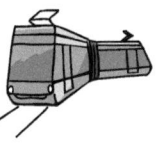

Straßenbahn

ٹرام

Wagon

ویگن

Helikopter

ہیلی کاپٹر

Flughafen

ائرپورٹ

Tower

ٹاور

Passagier

مسافر

Container

کنٹینر

Karton

ڈبہ

Karren

ریڑھا

Korb

ٹوکری

starten / landen

اُڑان بھرنا / زمین پراُترنا

Stadt

شہر

Dorf

گاؤں

Stadtzentrum

سٹی سنٹر

Haus

مکان

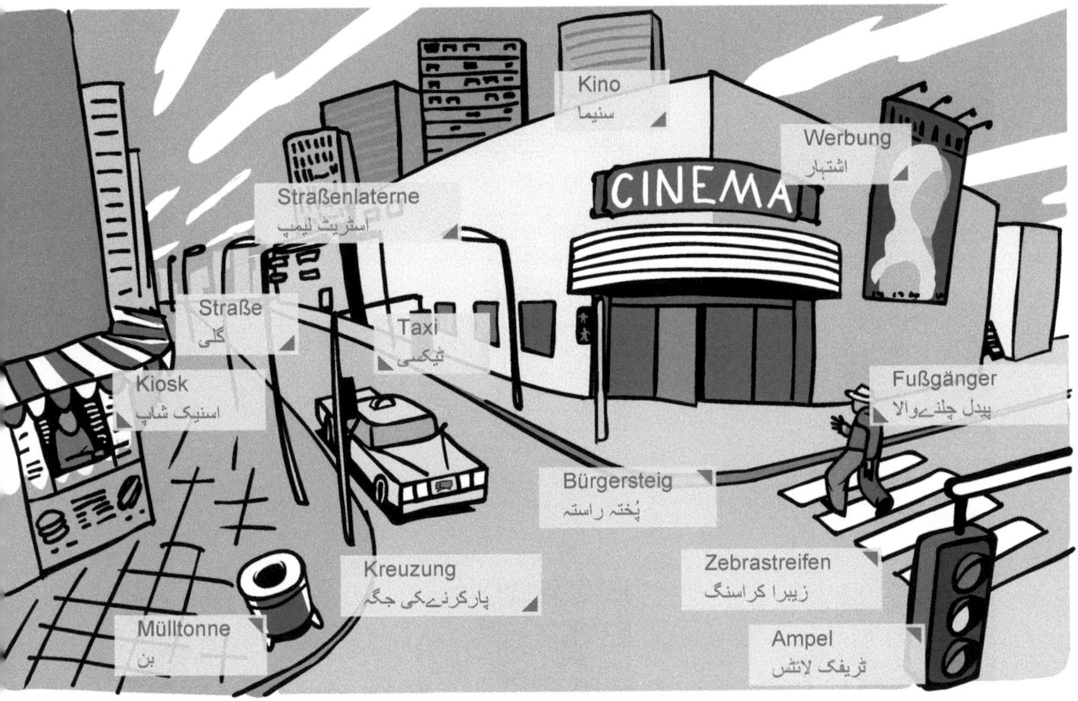

Kino
سنیما
CINEMA
Werbung
اشتہار
Straßenlaterne
اسٹریٹ لیمپ
Straße
گلی
Taxi
ٹیکسی
Kiosk
اسنیک شاپ
Fußgänger
پیدل چلنے والا
Bürgersteig
پُختہ راستہ
Zebrastreifen
زیبرا کراسنگ
Kreuzung
پارکرنے کی جگہ
Mülltonne
بن
Ampel
ٹریفک لائٹس

Hütte

ہٹ

Wohnung

فلیٹ

Bahnhof

ٹرین اسٹیشن

Rathaus

ٹاؤن ہال

Museum

عجائب گھر

Schule

اسکول

Universität

یونیورسٹی

Bank

بینک

Krankenhaus

ہسپتال

Hotel

ہوٹل

Apotheke

فارمیسی

Büro

دفتر

Buchhandlung

کتابوں کی دکان

Geschäft

دکان

Blumenladen

پھولوں کی دُکان

Supermarkt

سُپرمارکیٹ

Markt

مارکیٹ

Kaufhaus

ڈیپارٹمنٹ سٹور

Fischhändler

مچھلی کی دُکان

Einkaufszentrum

شاپنگ سنٹر

Hafen

بندرگاہ

Park

پارک

Bank

بنچ

Brücke

پُل

Treppe

سیڑھیاں

U-Bahn

انڈرگراؤنڈ

Tunnel

سرُنگ

Bushaltestelle

بس اسٹاپ

Bar

شراب خانہ

Restaurant

ریسٹورنٹ

Briefkasten

پوسٹ باکس

Straßenschild

اسٹریٹ سائن

Parkuhr

پارکنگ میٹر

Zoo

چڑیا گھر

Badeanstalt

سوئمنگ پول

Moschee

مسجد

Bauernhof

كهيت

Umweltverschmutzung

آلودگی

Friedhof

قبرستان

Kirche

چرچ

Spielplatz

کھیل کا میدان

Tempel

مندر

Landschaft

منظر

![Landschaft illustration]

Blatt
پتہ

Wegweiser
رہنمائی کے لئے لگا ہوا بورڈ

Weg
راستہ

Wiese
سبزہ زار

Stein
پتھر

Baum
درخت

Wanderer
پیدل چلنے والا، ہائیکر

Fluss
دریا

Gras
گھاس

Blume
پھول

Tal

وادی

Berg

پہاڑی

See

جھیل

Wald

جنگل

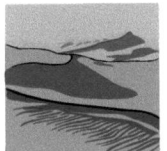

Wüste

صحرا

Vulkan

آتش فشاں

Schloss

قلعہ

Regenbogen

قوس قزح

Pilz

کھمبی

Palme

کجھور کا درخت

Moskito

مچھر

Fliege

مکھی

Ameise

چیونٹی

Biene

مکھی

Spinne

مکڑا

Käfer

بھونرا

Frosch

مینڈک

Eichhörnchen

گلہری

Igel

خارپُشت

Hase

خرگوش

Eule

اُلو

Vogel

پرندہ

Schwan

راج ہنس

Wildschwein

سؤر

Hirsch

ہرن

Elch

امریکی بارہ سنگھا

Staudamm

ڈیم

Windrad

ہوا سے چلنے والی ٹربائین

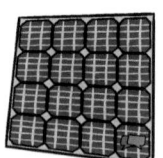

Solarmodul

سولرپینل

Klima

آب وہوا

Restaurant

ریسٹورنٹ

Kellner
ویٹر
Speisekarte
مینیو
Stuhl
کُرسی
Suppe
سوپ
Pizza
پیزا
Besteck
کٹلری
Tischdecke
ٹیبل کلاتھ

Vorspeise
....
اسٹارٹر

Hauptgericht
....
مین کورس

Nachspeise
....
ڈیزرٹ

Getränke
....
مشروبات

Essen
....
کھانےکی اشیاء

Flasche
....
بوتل

Fastfood

فاسٹ فوڈ

Streetfood

اسٹریٹ فوڈ

Teekanne

چائےدانی

Zuckerdose

شوگرباکس

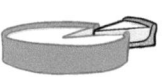

Portion

حصہ

Espressomaschine

ایسپریسو مشین

Hochstuhl

اونچی کُرسی

Rechnung

بل

Tablett

ٹرے

Messer

چھُری

Gabel

کانٹا

Löffel

چمچ

Teelöffel

چائےکا چمچ

Serviette

سرویئیٹی

Glas

شیشہ

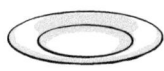

Teller
....
پلیٹ

Suppenteller
....
سوپ پلیٹ

Untertasse
....
طشتری

Sauce
....
چٹنی

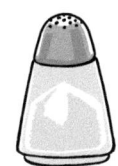

Salzstreuer
....
سالٹ شیکر

Pfeffermühle
....
پیپرمل

Essig
....
سرکہ

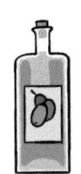

Öl
....
خوردنی تیل

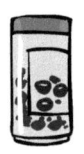

Gewürze
....
مصالحے

Ketchup
....
کیچپ

Senf
....
سرسوں

Mayonnaise
....
میئونیز

Supermarkt

سُپرمارکیٹ

Angebot
خصوصی پیشکش
Kunde
گاہک
Milchprodukte
ڈیری
Obst
پھل
Einkaufswagen
ٹرالی

Schlachterei

گوشت کی دُکان

Bäckerei

بیکری

wiegen

وزن کرنا

Gemüse

سبزیاں

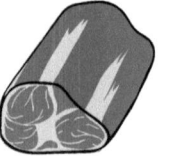

Fleisch

گوشت

Tiefkühlkost

جما ہوا کھانا

Aufschnitt

کولڈ کٹس

Konserven

ڈبےمیں بند کھانا

Waschmittel

واشنگ پاؤڈر

Süßigkeiten

مٹھائیاں

Haushaltsartikel

گھریلو مصنوعات

Reinigungsmittel

صاف کرنےکیلئےمصنوعات

Verkäuferin

سیلزپرسن

Kasse

کیش رجسٹر

Kassierer

کیشئیر

Einkaufsliste

خریداری کی فہرست

Öffnungszeiten

اوقات کار

Brieftasche

بٹوہ

Kreditkarte

کریڈٹ کارڈ

Tasche

تھیلا

Plastiktüte

پلاسٹک کےتھیلے

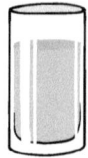

Getränke
مشروبات

Wasser

پانی

Saft

جوس، رس

Milch

دودھ

Cola

کوک

Wein

وائن

Bier

بیئر

Alkohol

الکوحل

Kakao

کوکآ

Tee

چائے

Kaffee

کافی

Espresso

ایسپریسو

Cappuccino

کیپاچینو

Banane

کیلا

Apfel

سیب

Orange

مالٹا

Melone

خربوزہ

Zitrone

لیموں

Karotte

گاجر

Knoblauch

لہسن

Bambus

بانس

Zwiebel

پیاز

Pilz

کھُمبی

Nüsse

اخروٹ، بادام وغیرہ

Nudeln

نوڈلز

Spaghetti

اسپیگیٹی

Reis

چاول

Salat

سلاد

Pommes frites

چپس

Bratkartoffeln

تلے گئے آلو

Pizza

پیزا

Hamburger

ہیم برگر

Sandwich

سینڈوچ

Schnitzel

کٹلیٹ

Schinken

سؤرکی ران کا گوشت

Salami

گوشت کی اطالوی ساسیج

Wurst

ساسیج

Huhn

مُرغی

Braten

روسٹ

Fisch

مچھلی

Haferflocken

جئی کا دلیہ

Müsli

میوزلی

Cornflakes

کارن فلیکس

Mehl

آٹا

Croissant

کروئیسنٹ

Brötchen

بریڈ رول

Brot

بریڈ

Toast

ٹوسٹ

Kekse

بسکٹ

Butter

مکھن

Quark

دہی

Kuchen

کیک

Ei

انڈا

Spiegelei

فرائی کیا گیا انڈہ

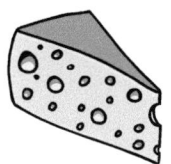

Käse

پنیر

Eiscreme

آئس کریم

Zucker

چینی

Honig

شہد

Marmelade

جام

Nougat-Creme

ناؤگٹ کریم

Curry

سالن

Bauernhof
کھیت

Bauernhaus
فارم ہاؤس
Scheune
کھلیان
Strohballen
تنکوں کی گانٹھ
Feld
کھیت
Pferd
گھوڑا
Anhänger
ٹریلر
Traktor
ٹریکٹر
Fohlen
گھوڑے کا بچہ
Esel
گدھا
Schaf
بھیڑ
Lamm
میمنہ

Ziege

بکری

Kuh

گائے

Kalb

بچھڑا

Schwein

سؤر

Ferkel

سؤرکابچہ

Bulle

سانڈ

Bauernhof - کھیت 27

Gans

راج ہنس

Ente

بطخ

Küken

چوزہ

Huhn

مُرغی

Hahn

مُرغا

Ratte

چوہا

Katze

بلی

Maus

چوہا

Ochse

بیلچہ

Hund

کُتا

Hundehütte

کُتے کا گھر

Gartenschlauch

گارڈن ہاؤس

Gießkanne

پانی کا کین

Sense

درانتی

Pflug

ہل

Sichel
....
درانتی

Hacke
....
بیلچہ

Mistgabel
....
ترنگل

Axt
....
کلہاڑا

Schubkarre
....
ہتھ گاڑی

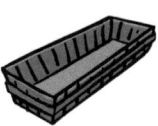

Trog
....
حوض

Milchkanne
....
دودھ کا کین

Sack
....
تھیلا

Zaun
....
باڑ

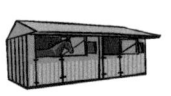

Stall
....
اصطبل

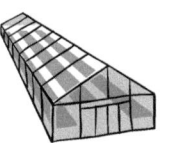

Treibhaus
....
گرین ہاؤس

Boden
....
مٹی

Saat
....
بیج

Dünger
....
فرٹیلائیزر

Mähdrescher
....
کمبائن ہارویسٹر

ernten

فصل کاٹنا

Ernte

فصل کاٹنا

Yamswurzel

افریقی آلو

Weizen

گندم

Soja

سویا

Kartoffel

آلو

Mais

مکئی

Raps

توریا کا تیل

Obstbaum

پھلداردرخت

Maniok

کساوا

Getreide

دلیہ

Haus

مکان

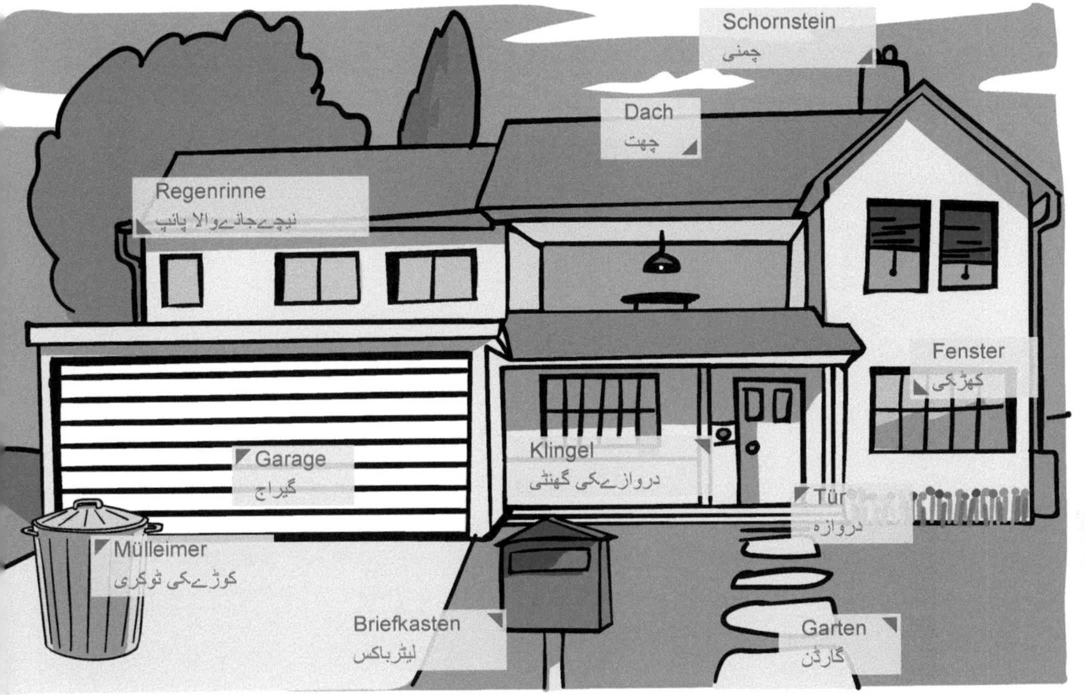

Schornstein
چمنی
Dach
چھت
Regenrinne
نیچے جانے والا پائپ
Fenster
کھڑکی
Garage
گیراج
Klingel
دروازے کی گھنٹی
Tür
دروازہ
Mülleimer
کوڑے کی ٹوکری
Briefkasten
لیٹرباکس
Garten
گارڈن

Wohnzimmer

لوونگ روم

Badezimmer

غُسل خانہ

Küche

باورچی خانہ

Schlafzimmer

بیڈروم

Kinderzimmer

بچوں کا کمرہ

Esszimmer

کھانے کا کمرہ

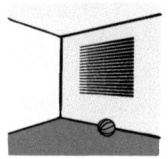

Boden

فرش

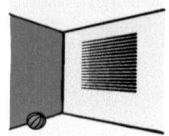

Wand

دیوار

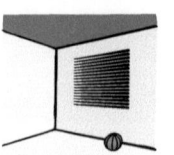

Decke

چھت

Keller

تہ خانہ

Sauna

سوانا

Balkon

بالکونی

Terrasse

ٹیریس

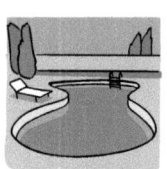

Schwimmbad

پول

Rasenmäher

گھاس کاٹنے کی مشین

Bettbezug

چادر

Bettdecke

چادر

Bett

بستر

Besen

جھاڑو

Eimer

بالٹی

Schalter

سوئچ

Wohnzimmer
لوونگ روم

Tapete
وال پیپر
Bild
تصویر
Lampe
لیمپ
Regal
شیلف
Schrank
الماری
Fernseher
ٹیلی ویژن
Kamin
آتش دان
Blume
پھول
Kissen
کُشن
Sofa
صوفہ
Vase
گلدان
Fernbedienung
ریموٹ کنٹرول

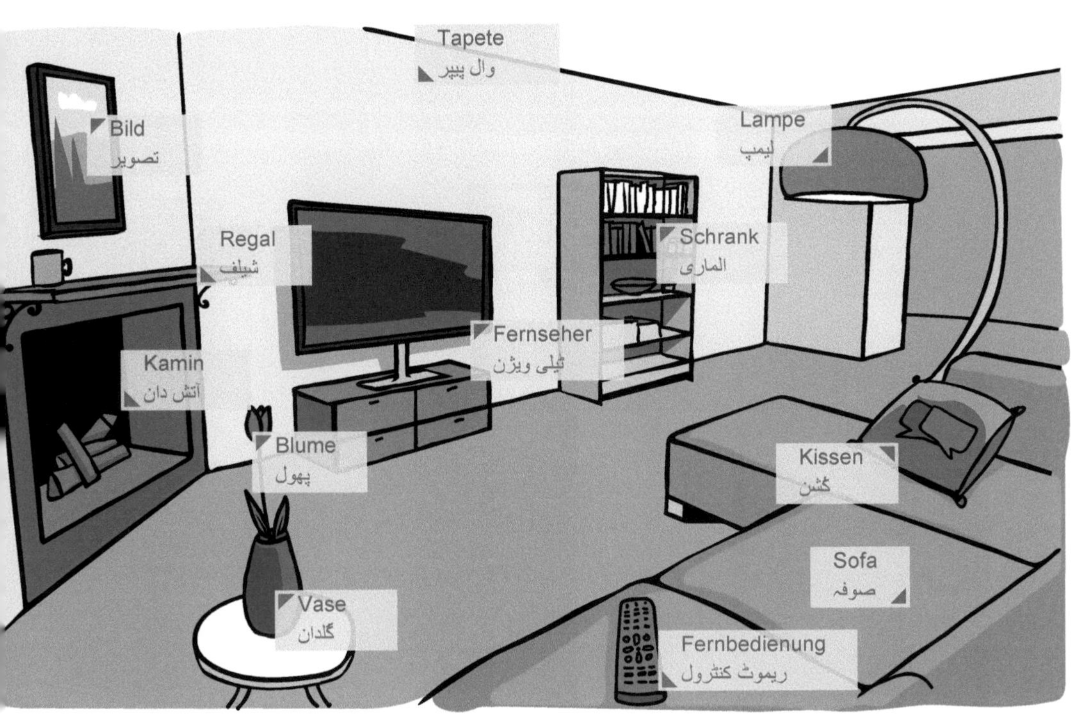

Teppich
قالین

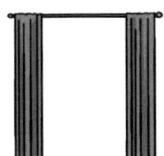

Vorhang
پردے

Tisch
میز

Stuhl
کُرسی

Schaukelstuhl
ہلنےوالی کُرسی

Sessel
آرام کُرسی

Buch

كتاب

Decke

كمبل

Dekoration

آرائش

Feuerholz

جلانےکی لکڑی

Film

فلم

Stereoanlage

ہائی فائی

Schlüssel

چابی

Zeitung

اخبار

Gemälde

پینٹنگ

Poster

پوسٹر

Radio

ریڈیو

Notizblock

نوٹ بُک

Staubsauger

ویکیوم کلینر

Kaktus

کیکٹس

Kerze

موم بتی

Küche

باورچی خانہ

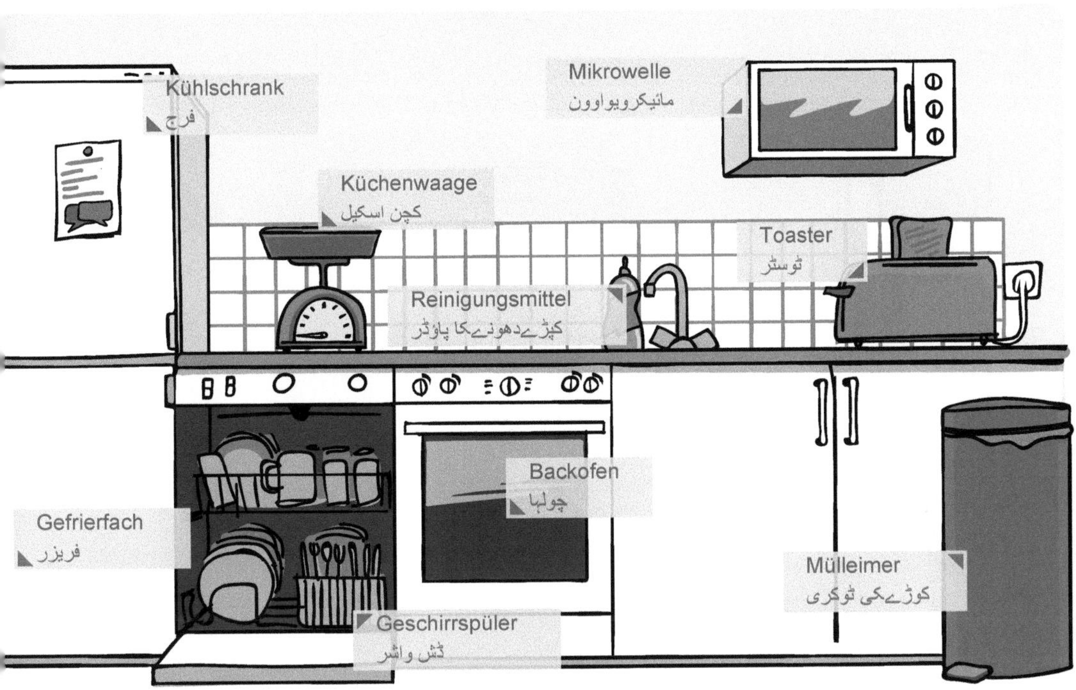

Kühlschrank
فرج
Mikrowelle
مائیکروویواوون
Küchenwaage
کچن اسکیل
Toaster
ٹوسٹر
Reinigungsmittel
کپڑے دھونے کا پاؤڈر
Backofen
چولہا
Gefrierfach
فریزر
Mülleimer
کوڑے کی ٹوکری
Geschirrspüler
ڈش واشر

Herd

ککر

Topf

برتن

Eisentopf

لوہے کا برتن

Wok / Kadai

کڑاہی

Pfanne

برتن

Wasserkocher

کیتلی

Dampfgarer

اسٹیمر

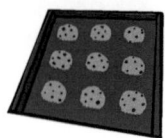

Backblech

بیکنگ ٹرے

Geschirr

کراکری

Becher

مگ

Schale

پیالہ

Essstäbchen

چاپ اسٹکس

Suppenkelle

ڈوئی

Pfannenwender

کفچہ

Schneebesen

جھاڑودینا

Kochsieb

مقطر

Sieb

چھلنی

Reibe

گریٹر

Mörser

کونڈی

Grill

باربی کیو

Feuerstelle

کھُلی آگ

Schneidebrett

چاپنگ بورڈ

Nudelholz

بیلن

Korkenzieher

کارک اسکریو

Dose

کین

Dosenöffner

کین اوپنر

Topflappen

برتن پکڑنےوالا کپڑا

Waschbecken

سنک

Bürste

برش

Schwamm

اسپونج

Mixer

بلینڈر

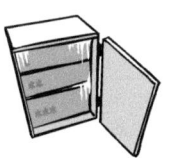

Gefriertruhe

ڈیپ فریز

Babyflasche

بچےکی بوتل

Wasserhahn

ٹونٹی

Badezimmer

غُسل خانہ

Heizung
Dusche
شاور
Handtuch
تولیہ
Duschvorhang
شاورکرٹن
Schaumbad
ببل باتھ
Badewanne
باتھ ٹب
Glas
شیشہ
Waschmaschine
واشنگ مشین
Wasserhahn
ٹونٹی
Fliesen
ٹائلیں
Töpfchen
پاٹی
Waschbecken
سنک

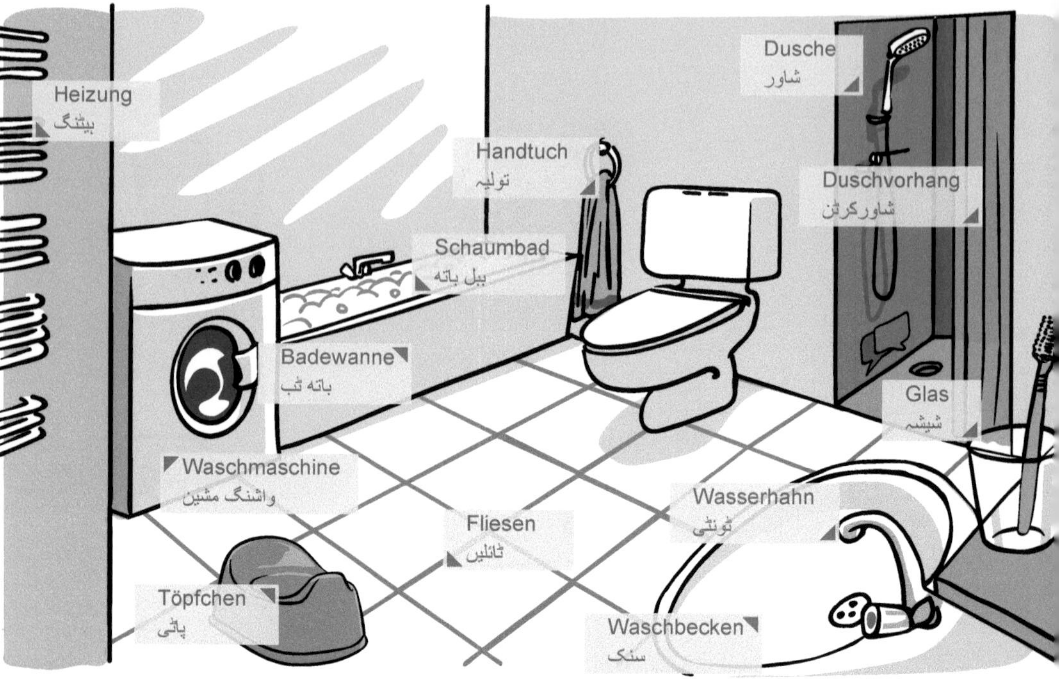

Toilette

ٹائلٹ

Hocktoilette

دوزانوں بیٹھنےوالی ٹائلٹ

Bidet

نچلاحصہ دھونےکیلئےپاٹ

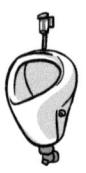

Pissoir

پیشاب گاہ

Toilettenpapier

ٹائلٹ پیپر

Toilettenbürste

ٹائلٹ برش

Zahnbürste

ٹوتہ برش

Zahnpasta

ٹوتہ پیسٹ

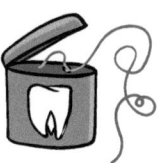

Zahnseide

ڈینٹل فلاس

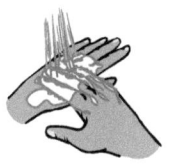

waschen

دھونا

Handbrause

ہینڈ شاور

Intimdusche

شاور

Waschschüssel

بیسن

Rückenbürste

بیک برش

Seife

صابن

Duschgel

شاورجل

Shampoo

شیمپو

Waschlappen

فلالین

Abfluss

ڈرین

Creme

کریم

Deodorant

ڈیوڈورنٹ

Spiegel

آئینہ

Kosmetikspiegel

ہاتھ میں پکڑا جانے والا آئینہ

Rasierer

ریزر

Rasierschaum

شیونگ فوم

Rasierwasser

آفٹرشیو

Kamm

کنگھی

Bürste

برش

Föhn

ہیئرڈرائر

Haarspray

ہیئراسپرے

Makeup

میک اپ

Lippenstift

لپ اسٹک

Nagellack

نیل وارنش

Watte

روئی

Nagelschere

ناخن کاٹنے کی قینچی

Parfum

پرفیوم

Kulturbeutel

واش بیگ

Hocker

پاخانہ

Waage

وزن کرنےکی مشین

Bademantel

باتھ روب

Gummihandschuhe

ربڑکےدستانے

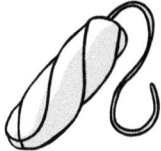

Tampon

ٹیمپون

Damenbinde

سینیٹری ٹاول

Chemietoilette

کیمیکل ٹائلٹ

Kinderzimmer

بچوں کا کمرہ

Wecker
الارم کلاک
Kuscheltier
کڈلی ٹوائے
Spielzeugauto
کھلونا کار
Rassel
جُھنجھنا
Puppenhaus
گڑیا گھر
Geschenk
موجود

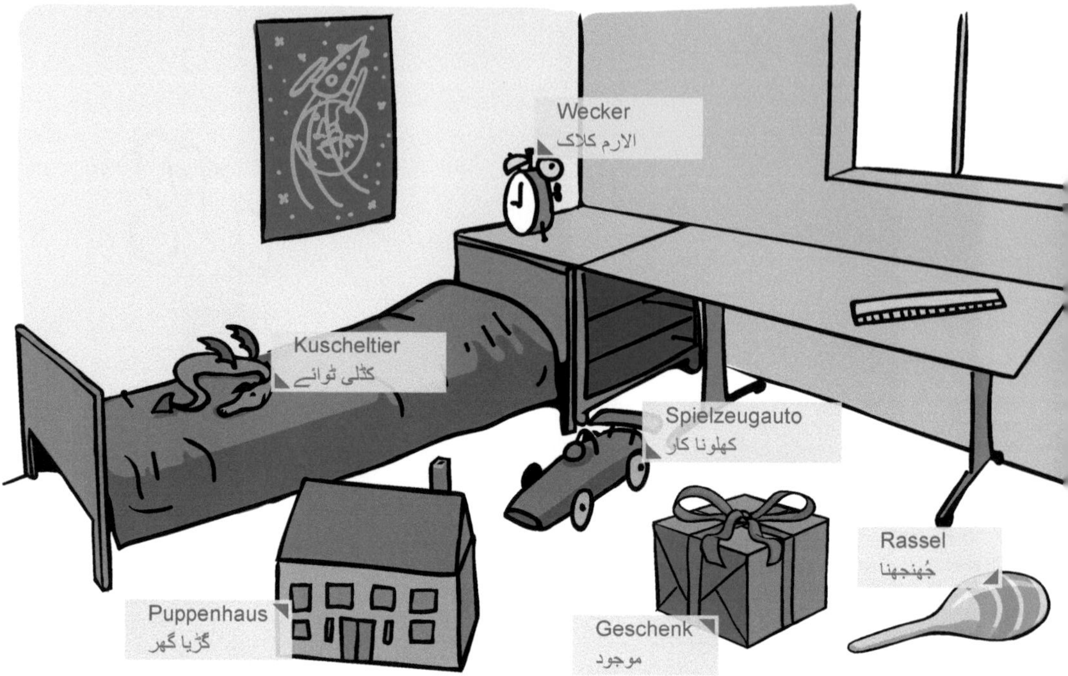

Ballon

غبارہ

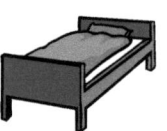

Bett

بستر

Kinderwagen

پرام

Kartenspiel

ڈیک آف کارڈز

Puzzle

جگسا

Comic

کامک

Legosteine

لیگوبرکس

Bausteine

کھلونا بلاکس

Action Figur

ایکشن فگر

Strampelanzug

بچےکا لباس

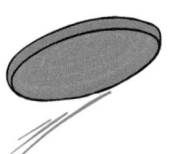

Frisbee

فرسبی

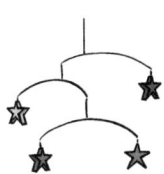

Mobile

کھلونا موبائل

Brettspiel

بورڈ گیم

Würfel

ڈائس

Modelleisenbahn

ماڈل ٹرین سیٹ

Schnuller

ڈمی

Party

پارٹی

Bilderbuch

تصاویروالی کتاب

Ball

گیند

Puppe

گڑیا

spielen

کھیلنا

Sandkasten

سینڈ پٹ

Schaukel

جھولا جھولنا

Spielzeug

کھلونے

Spielkonsole

وڈیوگیم کنسول

Dreirad

تین پہیوں والی سائیکل

Teddy

ٹیڈی بیئر

Kleiderschrank

کپڑوں کی الماری

Kleidung

لباس

Socken

موزے

Strümpfe

اسٹاکنگز

Strumpfhose

ٹائٹس

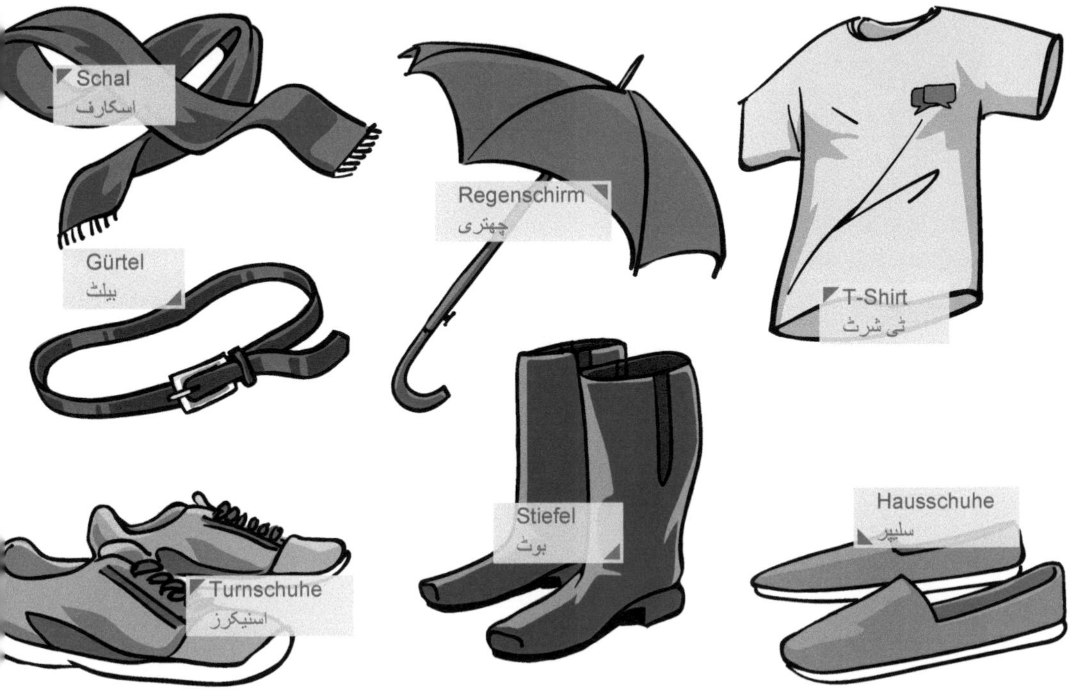

Schal
اسکارف

Gürtel
بیلٹ

Regenschirm
چھتری

T-Shirt
ٹی شرٹ

Turnschuhe
اسنیکرز

Stiefel
بوٹ

Hausschuhe
سلپیر

Sandalen
سینڈل

Schuhe
جوتے

Gummistiefel
ربڑ کے بوٹس

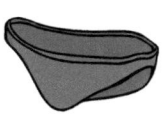

Unterhose
زیرجامہ

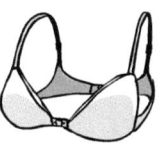

Büstenhalter
بریزئیر

Unterhemd
واسکٹ

Body

جسم

Hose

پتلون

Jeans

جینز

Rock

اسکرٹ

Bluse

بلاؤز

Hemd

قمیض

Pullover

پُل اوور

Kapuzenpullover

سویٹر

Blazer

بلیزر

Jacke

جیکٹ

Mantel

کوٹ

Regenmantel

رین کوٹ

Kostüm

کوئی خاص لباس

Kleid

لباس

Hochzeitskleid

شادی کا لباس

Anzug

سوٹ

Nachthemd

نائٹ گاؤن

Schlafanzug

پائجامہ

Sari

ساڑھی

Kopftuch

سر پر لیا جانے والا اسکارف

Turban

پگڑی

Burka

بُرقع

Kaftan

کفتان

Abaya

عبایہ

Badeanzug

تیراکی کا سوٹ

Badehose

ٹرنک

Kurze Hose

نیکر

Trainingsanzug

ٹریک سوٹ

Schürze

اپرن

Handschuhe

دستانے

Knopf

بٹن

Brille

عینک

Armband

کنگن

Halskette

ہار

Ring

انگوٹھی

Ohrring

کانوں کی بالیاں

Mütze

ٹوپی

Kleiderbügel

کوٹ ہینگر

Hut

ہیٹ

Krawatte

ٹائی

Reißverschluss

زپ

Helm

ہیلمٹ

Hosenträger

بریسز

Schuluniform

سکول یونیفارم

Uniform

وردی

Lätzchen

بب

Schnuller

ڈمی

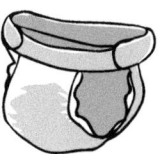

Windel

نیپی

Büro

دفتر

Server
سرور
Aktenschrank
فائلوں کی الماری
Drucker
پرنٹر
Papier
کاغذ
Monitor
مانیٹر
Maus
ماؤس
Schreibtisch
میز
Ordner
فولڈر
Tastatur
کی بورڈ
Papierkorb
ویسٹ پیپرباسکٹ
Computer
کمپیوٹر
Stuhl
کُرسی

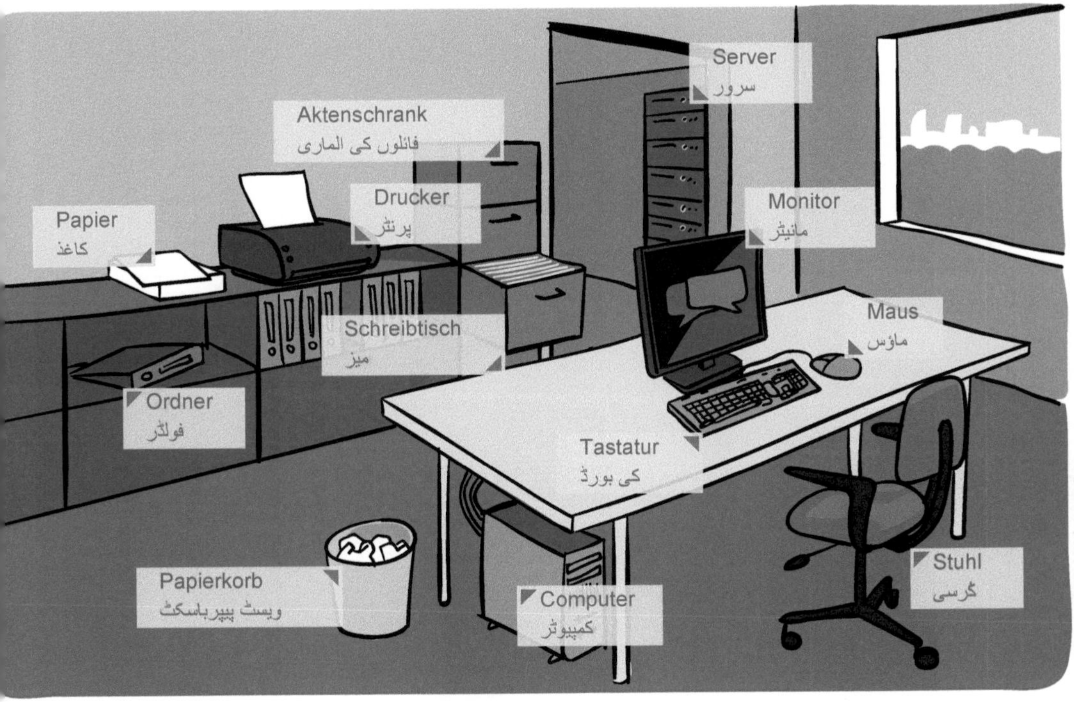

Kaffeebecher

کافی مگ

Taschenrechner

کیلکولیٹر

Internet

انٹرنیٹ

Laptop

لیپ ٹاپ

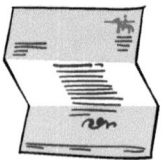

Brief

خط

Nachricht

پیغام

Handy

موبائل

Netzwerk

نیٹ ورک

Kopierer

فوٹوکاپئیر

Software

سافٹ ویئر

Telefon

ٹیلی فون

Steckdose

پلگ ساکٹ

Fax

فیکس مشین

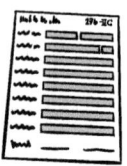

Formular

فارم

Dokument

دستاویز

kaufen

خریدنا

bezahlen

ادائیگی کرنا

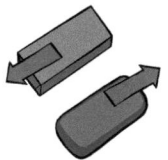

handeln

تجارت کرنا

Geld

رقم

Dollar

ڈالر

Euro

یورو

Yen

ین

Rubel

روبل

Franken

سوئس فرانک

Renminbi Yuan

رینمنبی یوآن

Rupie

روپیہ

Geldautomat

کیش پوائنٹ

Wechselstube

رقم تبدیل کرانے کیلئے دفتر

Gold

سونا

Silber

چاندی

Öl

خام تیل

Energie

توانائی

Preis

قیمت

Vertrag

معاہدہ

Steuer

ٹیکس

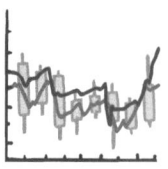

Aktie

اسٹاک

arbeiten

کام کرنا

Angestellter

ملازم

Arbeitgeber

آجر

Fabrik

فیکٹری

Geschäft

دکان

Berufe

پیشے

Polizist
پولیس افسر
Feuerwehrmann
فائر مین
Koch
خانساماں، کُک
Arzt
ڈاکٹر
Pilot
پائلٹ

Gärtner

مالی

Tischler

ترکھان

Näherin

درزن

Richter

جج

Chemiker

کیمسٹ

Schauspieler

اداکار

Busfahrer

بس ڈرائیور

Taxifahrer

ٹیکسی ڈرائیور

Fischer

مچھیرا

Putzfrau

صفائی کرنے والی عورت

Dachdecker

چھت بنانے والا

Kellner

ویٹر

Jäger

شکاری

Maler

پینٹر

Bäcker

بیکر

Elektriker

الیکٹریشین

Bauarbeiter

بلڈر

Ingenieur

انجینئیر

Schlachter

قصائی

Klempner

پلمبر

Postbote

ڈاکیا

Soldat

....

سپاہی

Architekt

....

آرکیٹیکٹ

Kassierer

....

کیشئیر

Florist

....

پھول بیچنےوالا

Friseur

....

نائی

Schaffner

....

کنڈکٹر

Mechaniker

....

مکینک

Kapitän

....

کپتان

Zahnarzt

....

ڈینٹسٹ

Wissenschaftler

....

سائنسدان

Rabbi

....

یہودی عالم

Imam

....

امام

Mönch

....

راہب

Geistlicher

....

پادری

Werkzeuge
اوزار

Hammer
Zange
پلائرز
Schraubendreher
پیچ کس
Schraubenschlüssel
رینچ
Taschenlampe
ٹارچ

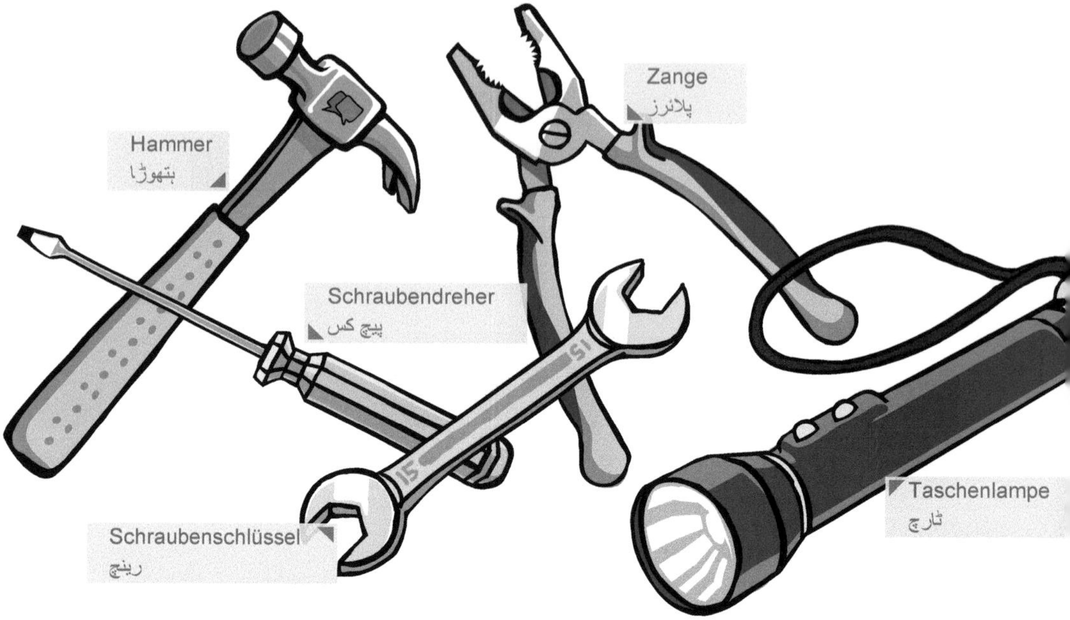

Bagger
ایکسکویٹر

Werkzeugkasten
ٹول باکس

Leiter
سیڑھی

Säge
آری

Nägel
کیل

Bohrer
ڈرل

reparieren

مرمت کرنا

Schaufel

بیلچہ

Mist!

لعنت ہو!

Kehrblech

ڈسٹ پین

Farbtopf

پینٹ پاٹ

Schrauben

پیچ

Musikinstrumente

آلات موسیقی

Schlagzeug
ڈرم سیٹ

Lautsprecher
لاوڈ اسپیکر

Kontrabass
ڈبل باس

Trompete
بگل

Gitarre
گٹار

Klavier

پیانو

Violine

وائلن

Bass

موسیقی کی آواز

Pauke

ٹمپانی

Trommeln

ڈھول، ڈرمز

Keyboard

کی بورڈ

Saxophon

سیکسوفون

Flöte

بانسری

Mikrofon

مائیکروفون

Zoo

چڑیا گھر

Eingang
داخلے کا راستہ
Tiger
چیتا
Käfig
پنجرہ
Zebra
زیبرا
Tierfutter
جانوروں کا چارہ
Panda
پانڈا

Tiere

جانور

Elefant

ہاتھی

Känguru

کینگرو

Nashorn

گینڈا

Gorilla

گوریلا

Bär

ریچھ

Kamel

اونٹ

Strauß

شُترمُرغ

Löwe

شیر

Affe

بندر

Flamingo

فلیمنگو

Papagei

طوطا

Eisbär

قطبی ریچھ

Pinguin

کبوتر

Hai

شارک

Pfau

مور

Schlange

سانپ

Krokodil

مگرمچھ

Zoowärter

چڑیا گھر کا محافظ

Robbe

سیل

Jaguar

امریکی تیندوا

Pony

....

ٹٹو

Leopard

....

چیتا

Nilpferd

....

دریائی گھوڑا

Giraffe

....

زرافہ

Adler

....

عقاب

Wildschwein

....

سؤر

Fisch

....

مچھلی

Schildkröte

....

کچھوا

Walross

....

سمندری گھوڑا

Fuchs

....

لومڑی

Gazelle

....

غزال ہرن

Sport

کھیلیں

American Football
امریکن فٹ بال
Radfahren
سائیکلنگ
Tennis
ٹینس
Basketball
باسکٹ بال
Schwimmen
پیراکی
Boxen
باکسنگ
Eishockey
آئس ہاکی

Fußball

فٹ بال

Badminton

بیڈمنٹن

Leichtathletik

اتھلیٹکس

Handball

ہینڈ بال

Skilaufen

اسکیئنگ

Polo

پولو

Aktivitäten
سرگرمیاں

lachen
ہنسنا
oringen
چھلانگ لگ
umarmen
گلے لگانا
gehen
چلنا
singen
گانا
träumen
خواب دیکھنا
beten
دُعا کرنا
küssen
چُومنا

schreiben
لکھنا

zeichnen
تصویر کشی کرنا

zeigen
دکھانا

drücken
آگے کی طرف دھکیلنا

geben
دینا

nehmen
لینا

haben

ركھنا

tun

کرنا

sein

ہونا

stehen

کھڑا ہونا

laufen

دوڑنا

ziehen

کھینچنا

werfen

پھینکنا

fallen

گرنا

liegen

جھوٹ بولنا

warten

انتظار کرنا

tragen

اٹھانا

sitzen

بیٹھنا

anziehen

ملبوس ہونا

schlafen

سونا

aufwachen

جاگنا

ansehen

دیکھنا

weinen

رونا

streicheln

چوٹ لگانا

kämmen

کنگھی کرنا

reden

بات کرنا

verstehen

سمجھنا

fragen

پوچھنا

hören

مُتوجہ ہونا

trinken

پینا

essen

کھانا

aufräumen

صاف کرنا

lieben

پیارکرنا

kochen

پکانا

fahren

گاڑی چلانا

fliegen

اُڑنا

segeln

بحری سفرکرنا

rechnen

شمار کریں

lesen

پڑھنا

lernen

سیکھنا

arbeiten

کام کرنا

heiraten

شادی کرنا

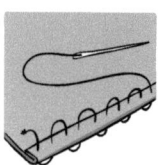

nähen

سینا

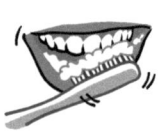

Zähne putzen

دانت صاف کرنا

töten

جان سے مار دینا

rauchen

تمباکو نوشی کرنا

senden

بھیجنا

Großmutter
دادی

Großvater
دادا

Vater
باپ

Mutter
ماں

Baby
طفل

Tochter
بیٹی

Sohn
بیٹا

Gast

مہمان

Tante

چچی

Onkel

چچا

Bruder

بھائی

Schwester

بہن

Körper

جسم

Stirn
ماتھا
Auge
آنکھ
Schulter
کندھا
Finger
انگلی
Gesicht
چہرہ
Kinn
ٹھوڑی
Hand
ہاتھ
Brust
چھاتی
Bein
ٹانگ
Arm
بازو

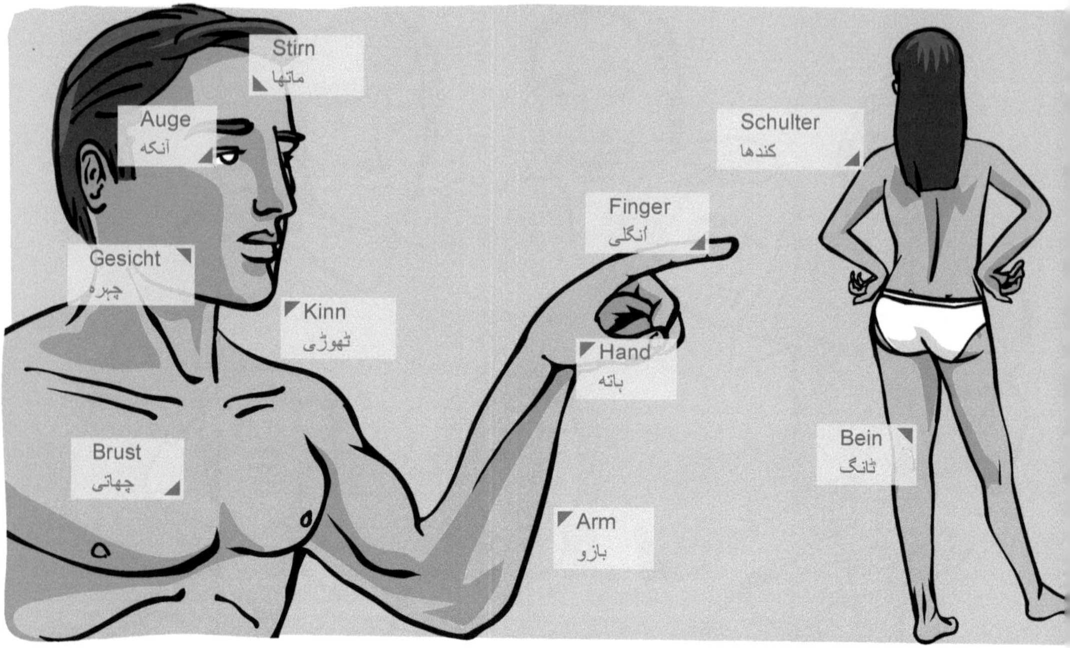

Baby

طفل

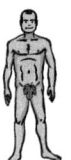

Mann

آدمی

Frau

عورت

Mädchen

لڑکی

Junge

لڑکا

Kopf

سر

Rücken

کمر

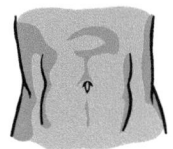

Bauch

پیٹ

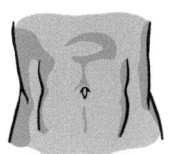

Nabel

ناف

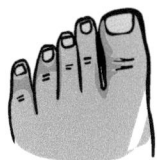

Zeh

پاؤں کا انگوٹھا

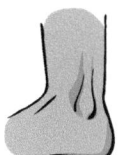

Ferse

ایڑھی

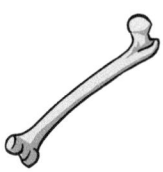

Knochen

ہڈی

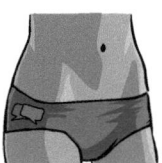

Hüfte

کولہا

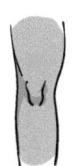

Knie

گھٹنا

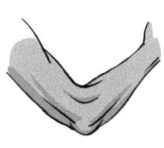

Ellenbogen

کہنی

Nase

ناک

Gesäß

نچلا حصہ

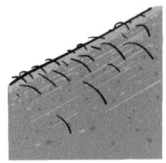

Haut

جلد

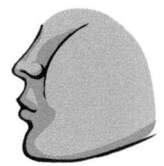

Wange

گال

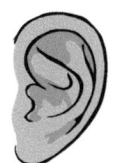

Ohr

کار

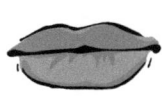

Lippe

ہونٹ

Mund

مُنہ

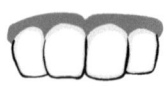

Zahn

دانت

Zunge

زُبان

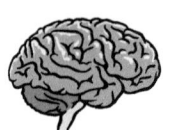

Gehirn

دماغ

Herz

دل

Muskel

پٹھہ

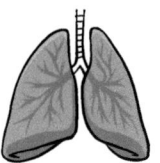

Lunge

پھیپھڑا

Leber

جگر

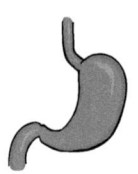

Magen

معدہ

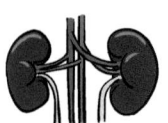

Nieren

گردے

Geschlechtsverkehr

جنس

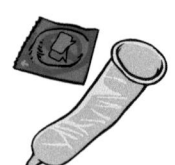

Kondom

کنڈوم

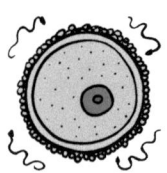

Eizelle

بیضہ

Sperma

مادہ منویہ

Schwangerschaft

حمل

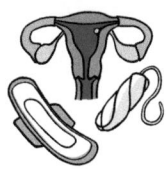

Menstruation
....
حیض

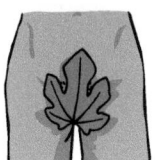

Vagina
....
اندام نهانی

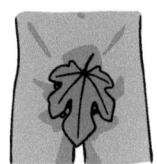

Penis
....
عضوتناسل

Augenbraue
....
بهنوین

Haar
....
بال

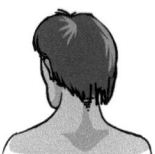

Hals
....
گردن

Krankenhaus

ہسپتال

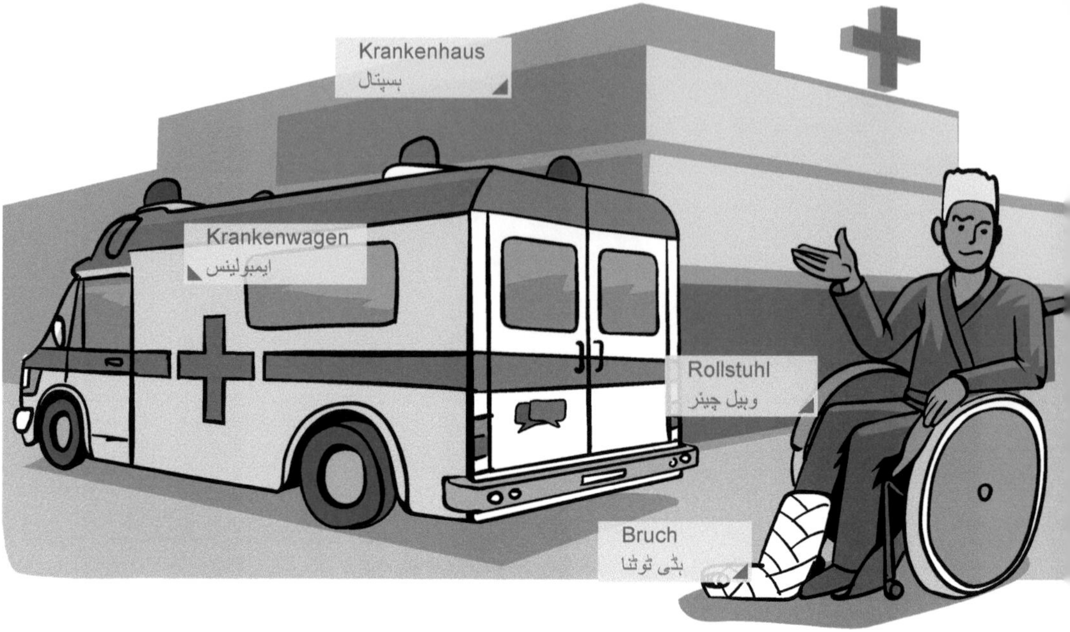

Krankenhaus
Krankenwagen
ایمبولینس
Rollstuhl
وہیل چیئر
Bruch
ہڈی ٹوٹنا

Arzt

ڈاکٹر

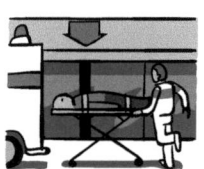

Notaufnahme

ہنگامی کمرہ

Krankenschwester

نرس

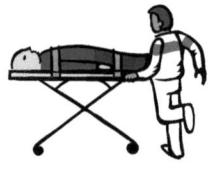

Notfall

ہنگامی صورتحال

ohnmächtig

بےہوش

Schmerz

درد

Verletzung

زخم

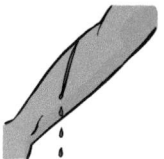

Blutung

خون بہنا

Herzinfarkt

دل کا دورہ

Schlaganfall

فالج

Allergie

الرجی

Husten

کھانسی

Fieber

بخار

Grippe

زکام

Durchfall

اسہال

Kopfschmerzen

سردرد

Krebs

کینسر

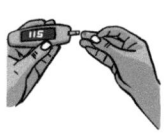

Diabetis

ذیابیطس

Chirurg

سرجن

Skalpell

نشتّر

Operation

آپریشن

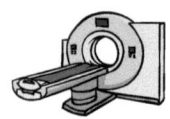

CT

سی ٹی

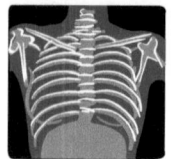

Röntgen

ایکس رے

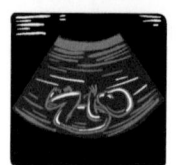

Ultraschall

الٹراساؤنڈ

Maske

چہرے کا نقاب

Krankheit

بیماری

Wartezimmer

انتظارگاہ

Krücke

بیساکھی

Pflaster

پلاسٹر

Verband

پٹی

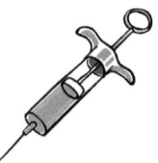

Injektion

انجکشن

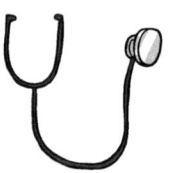

Stethoskop

اسٹیتھواسکوپ

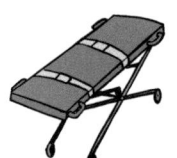

Trage

اسٹریچر

Thermometer

مطبی تھرما میٹر

Geburt

پیدائش

Übergewicht

حد سےزیادہ وزن

Hörgerät

آلہ سماعت

Desinfektionsmittel

جراثیم کش

Infektion

انفیکشن

Virus

وائرس

HIV / AIDS

ایچ آئی وی/ ایڈز

Medizin

دوا

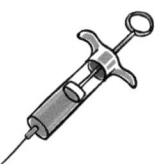

Impfung

ویکسی نیشن

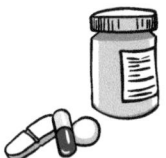

Tabletten

گولیاں

Pille

گولی

Notruf

ہنگامی کال

Blutdruck-Messgerät

بلڈ پریشرمانیٹر

krank / gesund

بیمار/ صحتمند

Notfall

ہنگامی صورتحال

Hilfe!

مدد!

Alarm

الارم

Überfall

مُجرمانہ حملہ

Angriff

حملہ

Gefahr

خطرہ

Notausgang

ہنگامی راستہ

Feuer!

آگ!

Feuerlöscher

آگ بُجھانےوالہ آلہ

Unfall

حادثہ

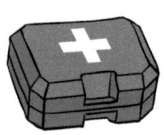

Erste-Hilfe-Koffer

ابتدائی طبی امداد کی کٹ

SOS

ایس او ایس

Polizei

پولیس

Europa
یورپ

Nordamerika
شمالی امریکہ

Südamerika
جنوبی امریکہ

Afrika
افریقہ

Asien
ایشیا

Australien
آسٹریلیا

Atlantik
بحراوقیانوس

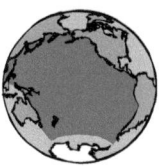

Pazifik
بحرالکاہل

Indischer Ozean
بحرہند

Antarktischer Ozean
بحرقطب جنوبی

Arktischer Ozean
بحرقطب شمالی

Nordpol
قطب شمالی

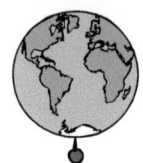

Südpol

قُطب جنوبی

Antarktis

انٹارکٹیکا

Erde

زمین

Land

زمین

Meer

سمندر

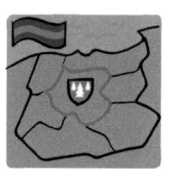

Insel

جزیرہ

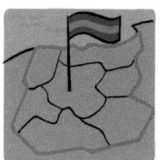

Nation

قوم

Staat

ریاست

Uhr

کلاک

Zifferblatt

کلاک کا سامنےکا حصہ

Stundenzeiger

گھنٹوں والی سوئی

Minutenzeiger

منٹوں والی سوئی

Sekundenzeiger

سیکنڈ ہینڈ

Wie spät ist es?

کیا وقت ہوا ہے؟

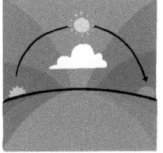

Tag

دن

Zeit

وقت

jetzt

اب

Digitaluhr

ڈیجیٹل گھڑی

Minute

منٹ

Stunde

گھنٹہ

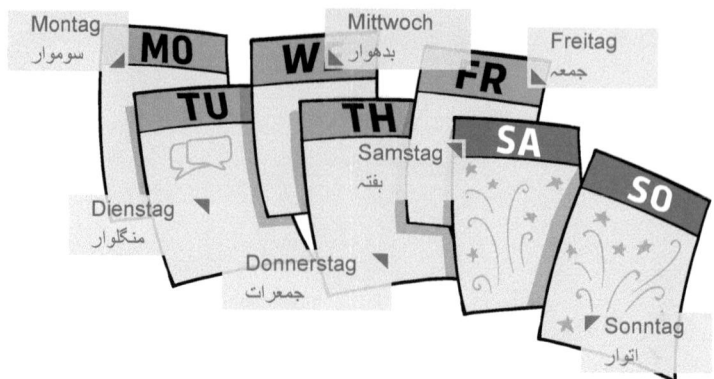

Woche

ہفتہ

Montag
سوموار
MO
Mittwoch
بدھوار
W
Freitag
جمعہ
FR
TU
TH
Samstag
SA
Dienstag
منگلوار
Donnerstag
جمعرات
SO
Sonntag
اتوار

MON
1

gestern

گزرا کل

2

heute

آج

3

morgen

کل

Morgen

صبح

Mittag

دوپہر

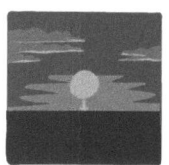

Abend

شام

MO TU WE TH FR SA SU
1 2 3 4 5 6 7
8 9 10 11 12 13 14
15 16 17 18 19 20 21
22 23 24 25 26 27 28
29 30 31 1 2 3 4

Arbeitstage

کاروباری دن

MO TU WE TH FR SA SU
1 2 3 4 5 6 7
8 9 10 11 12 13 14
15 16 17 18 19 20 21
22 23 24 25 26 27 28
29 30 31 1 2 3 4

Wochenende

ہفتے کا اختتام

Jahr
سال

Regen
بارش
Regenbogen
قوس قزح
Wind
ہوا
Schnee
برف
Frühling
بہار
Herbst
خزاں
Sommer
موسم گرما
Winter
موسم سرما

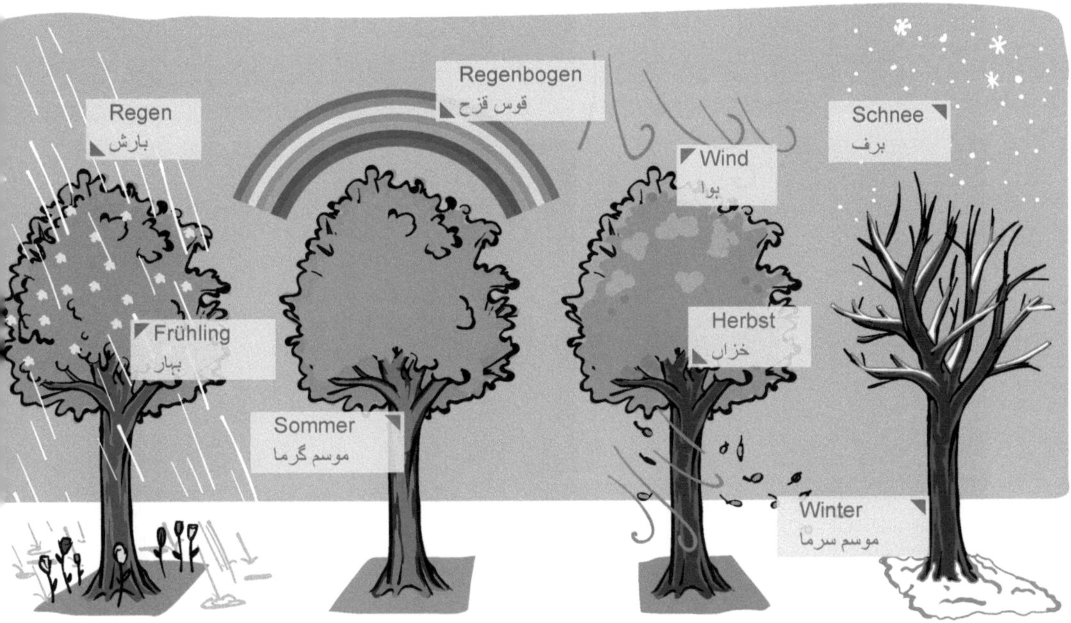

Wettervorhersage

موسمی پیش گوئی

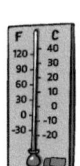

Thermometer

تھرما میٹر

Sonnenschein

دھوپ

Wolke

بادل

Nebel

دُھند

Luftfeuchtigkeit

حبس

Blitz

بجلی کوندھنا

Donner

بادلوں کی گرج

Sturm

طوفان

Hagel

ژالہ باری

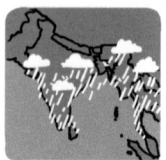

Monsun

مون سون

Flut

سیلاب

Eis

برف

Januar

جنوری

Februar

فروری

März

مارچ

April

اپریل

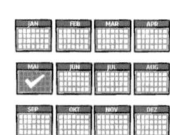

Mai

مئی

Juni

جون

Juli

جولائی

August

اگست

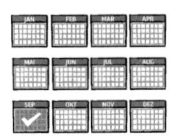

September

ستمبر

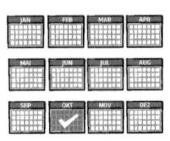

Oktober

اکتوبر

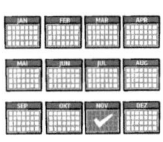

November

نومبر

Dezember

دسمبر

Formen

اشکال

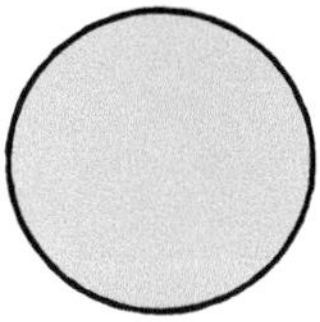

Kreis

دائره

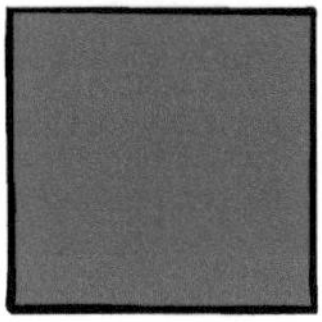

Quadrat

چوکور

Rechteck

مُستطیل

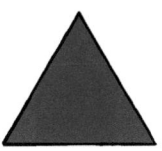

Dreieck

تکون

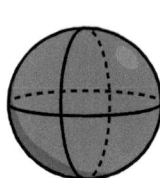

Kugel

گره

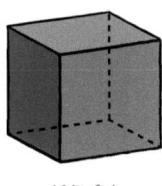

Würfel

مکعب

Farben

رنگ

weiß

سفید

gelb

پیلا

orange

نارنجی

pink

گلابی

rot

سُرخ

lila

جامنی

blau

نیلا

grün

سبز

braun

بھورا

grau

مٹیالا

schwarz

سیاہ

Gegenteile
مخالف

viel / wenig

بہت زیادہ / بہت کم

wütend / friedlich

ناراض / پُرسکون

hübsch / hässlich

خوبصورت / بدصورت

Anfang / Ende

آغاز / اختتام

groß / klein

بڑا / چھوٹا

hell / dunkel

روشن / اندھیرا

Bruder / Schwester

بھائی / بہن

sauber / schmutzig

صاف / گندا

vollständig / unvollständig

مکمل / نامکمل

Tag / Nacht

دن / رات

tot / lebendig

زندہ / مُردہ

breit / schmal

چوڑا / تنگ

genießbar / ungenießbar

کھانے کے قابل ہونا / کھانے کے قابل نہ ہونا

böse / freundlich

بُرا / اچھا

aufgeregt / gelangweilt

پُرجوش / بوریت کا شکار

dick / dünn

موٹا / دُبلا

zuerst / zuletzt

پہلا / آخری

Freund / Feind

دوست / دُشمن

voll / leer

بھرا ہوا / خالی

hart / weich

سخت / نرم

schwer / leicht

بوجھل / ہلکا

Hunger / Durst

بھوک / پیاس

krank / gesund

بیمار / صحتمند

illegal / legal

غیرقانونی / قانونی

intelligent / dumm

عقلمند / بیوقوف

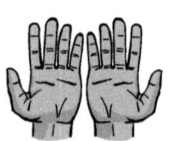

links / rechts

بائیں / دائیں

nah / fern

نزدیک / دور

neu / gebraucht

نیا / پُرانا

nichts / etwas

کچھ نہیں / کچھ ہے

alt / jung

بوڑھا / نوجوان

an / aus

آن / آف

offen / geschlossen

کُھلا / بند

leise / laut

خاموش / بُلند آواز

reich / arm

امیر / غریب

richtig / falsch

ٹھیک / غلط

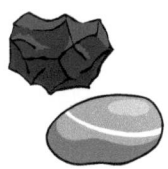

rau / glatt

کھُردرا / ہموار

traurig / glücklich

افسردہ / خوش

kurz / lang

مُختصر / طویل

langsam / schnell

آہستہ / تیز

nass / trocken

گیلا / خُشک

warm / kühl

گرم / ٹھنڈا

Krieg / Frieden

جنگ / امن

Zahlen

اعداد

0	1	2
null	eins	zwei
صفر	ایک	دو
3	4	5
drei	vier	fünf
تین	چار	پانچ
6	7	8
sechs	sieben	acht
چه	سات	آٹه
9	10	11
neun	zehn	elf
نو	دس	گیاره

12

zwölf

....

بارہ

13

dreizehn

....

تیرہ

14

vierzehn

....

چودہ

15

fünfzehn

....

پندرہ

16

sechzehn

....

سولہ

17

siebzehn

....

سترہ

18

achtzehn

....

اٹھارہ

19

neunzehn

....

انیس

20

zwanzig

....

بیس

100

hundert

....

سو

1.000

tausend

....

ہزار

1.000.000

million

....

دس لاکھ

Sprachen

زبانیں

Englisch

انگریزی

Amerikanisches Englisch

امریکی انگریزی

Chinesisch Mandarin

چینی مینڈارین

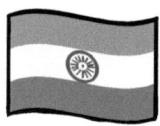

Hindi

ہندی

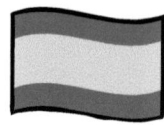

Spanisch

ہسپانوی

Französisch

فرانسیسی

Arabisch

عربی

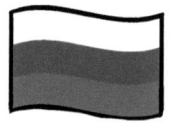

Russisch

روسی

Portugiesisch

پُرتگالی

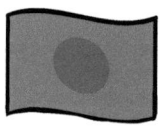

Bengalisch

بنگالی

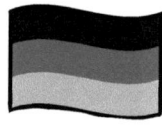

Deutsch

جرمن

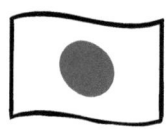

Japanisch

جاپانی

wer / was / wie

کون / کیا / کیسے

ich

میں

du

تم

er / sie / es

وہ (لڑکا) / وہ (لڑکی) / یہ

wir

ہم

ihr

تم

sie

وہ

wer?

کون؟

was?

کیا؟

wie?

کیسے؟

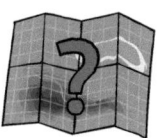

wo?

کہاں؟

wann?

کب؟

Name

نام

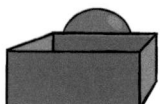

wo

کہاں

hinter

پیچھے

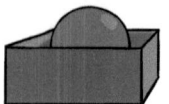

in

میں

vor

کےسامنے

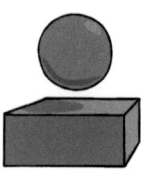

über

اوپر

auf

پر

unter

نیچے

neben

ساتھ

zwischen

درمیان

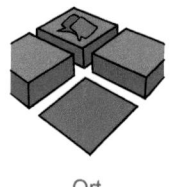

Ort

جگہ